Imanes

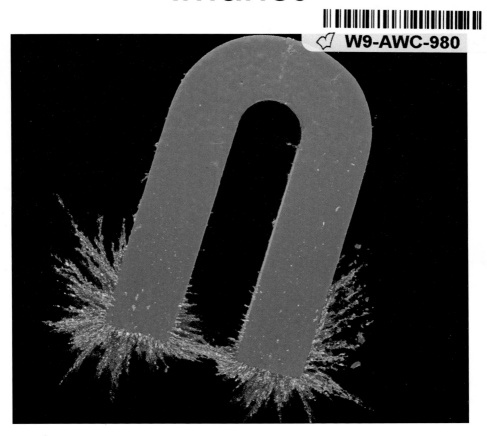

Brenda Parkes

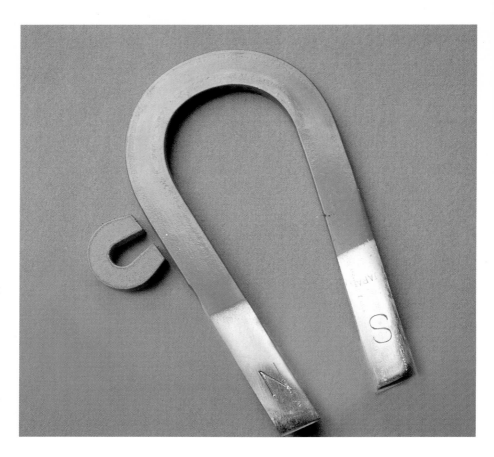

Los imanes pueden ser
grandes o pequeños.

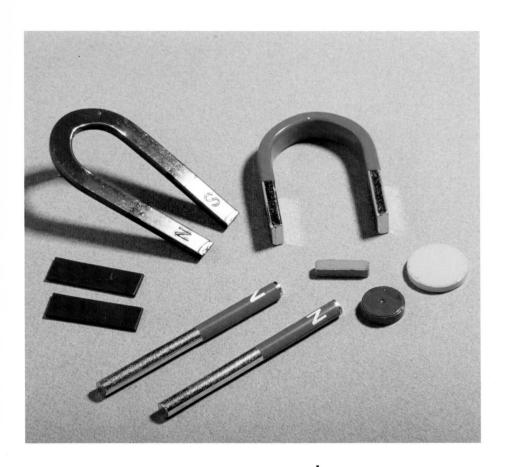

Los imanes pueden
ser de muchas formas.

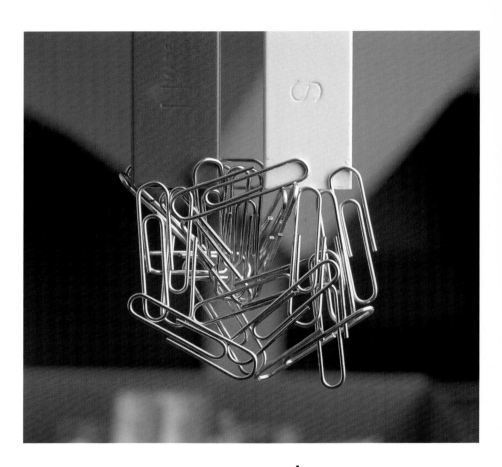

Un imán puede
levantar sujetapapeles.

Un imán puede
levantar campanas.

Un imán puede
levantar muchas cosas.

Pero un imán no puede levantar
ninguna de estas cosas.

¿Cuáles de estas cosas
puede levantar un imán?